Cocktail

RECIPE JOURNAL

This book belongs to

....

....

....

Contents

No.	Cocktail Name	Rating
1		☆☆☆☆☆
2		☆☆☆☆☆
3		☆☆☆☆☆
4		☆☆☆☆☆
5		☆☆☆☆☆
6		☆☆☆☆☆
7		☆☆☆☆☆
8		☆☆☆☆☆
9		☆☆☆☆☆
10		☆☆☆☆☆
11		☆☆☆☆☆
12		☆☆☆☆☆
13		☆☆☆☆☆
14		☆☆☆☆☆
15		☆☆☆☆☆
16		☆☆☆☆☆
17		☆☆☆☆☆
18		☆☆☆☆☆
19		☆☆☆☆☆
20		☆☆☆☆☆
21		☆☆☆☆☆
22		☆☆☆☆☆
23		☆☆☆☆☆
24		☆☆☆☆☆
25		☆☆☆☆☆

Contents

Contents

No.	Cocktail Name	Rating
51		☆☆☆☆☆
52		☆☆☆☆☆
53		☆☆☆☆☆
54		☆☆☆☆☆
55		☆☆☆☆☆
56		☆☆☆☆☆
57		☆☆☆☆☆
58		☆☆☆☆☆
59		☆☆☆☆☆
60		☆☆☆☆☆
61		☆☆☆☆☆
62		☆☆☆☆☆
63		☆☆☆☆☆
64		☆☆☆☆☆
65		☆☆☆☆☆
66		☆☆☆☆☆
67		☆☆☆☆☆
68		☆☆☆☆☆
69		☆☆☆☆☆
70		☆☆☆☆☆
71		☆☆☆☆☆
72		☆☆☆☆☆
73		☆☆☆☆☆
74		☆☆☆☆☆
75		☆☆☆☆☆

Contents

Cocktail Name : ....

Glass : ....

Ingredients : ....

....

....

....

....

....

Garnish : ....

Directions : ....

....

....

....

....

....

....

Notes : ....

....

....

....

....

Cocktail Name :

Glass :

Ingredients :

Garnish :

Directions :

Notes :

Date :

Cocktail Name :

Glass :

Ingredients :

Garnish :

Directions :

Notes :

Date :

Cocktail Name :

Glass :

Ingredients :

Garnish :

Directions :

Notes :

Date :

Cocktail Name :

Glass :

Ingredients :

Garnish :

Directions :

Notes :

Date :

Cocktail Name :

Glass :

Ingredients :

Garnish :

Directions :

Notes :

Date :

Cocktail Name :

Glass :

Ingredients :

Garnish :

Directions :

Notes :

Date :

Cocktail Name :

Glass :

Ingredients :

Garnish :

Directions :

Notes :

Cocktail Name :

Glass :

Ingredients :

Garnish :

Directions :

Notes :

Cocktail Name : ....

Glass : ....

Ingredients : ....

....

....

....

....

....

Garnish : ....

Directions : ....

....

....

....

....

....

....

Notes : ....

....

....

....

....

Date :

Cocktail Name :

Glass :

Ingredients :

Garnish :

Directions :

Notes :

Cocktail Name : ....

Glass : ....

Ingredients : ....

....

....

....

....

....

Garnish : ....

Directions : ....

....

....

....

....

....

....

Notes : ....

....

....

....

....

Date :

Cocktail Name :

Glass :

Ingredients :

Garnish :

Directions :

Notes :

Cocktail Name :

Glass :

Ingredients :

Garnish :

Directions :

Notes :

Date :

Cocktail Name : ....

Glass : ....

Ingredients : ....

....

....

....

....

....

Garnish : ....

Directions : ....

....

....

....

....

....

....

Notes : ....

....

....

....

....

Cocktail Name :

Glass :

Ingredients :

Garnish :

Directions :

Notes :

Cocktail Name : ....

Glass : ....

Ingredients : ....

....

....

....

....

....

Garnish : ....

Directions : ....

....

....

....

....

....

....

Notes : ....

....

....

....

....

Date :

Cocktail Name :

Glass :

Ingredients :

Garnish :

Directions :

Notes :

Date :

Cocktail Name :

Glass :

Ingredients :

Garnish :

Directions :

Notes :

Cocktail Name : ....

Glass : ....

Ingredients : ....

....

....

....

....

....

Garnish : ....

Directions : ....

....

....

....

....

....

....

Notes : ....

....

....

....

....

Cocktail Name : ....

Glass : ....

Ingredients : ....

....

....

....

....

....

Garnish : ....

Directions : ....

....

....

....

....

....

....

Notes : ....

....

....

....

....

Date :

Cocktail Name :

Glass :

Ingredients :

Garnish :

Directions :

Notes :

Date :

Cocktail Name : ....

Glass : ....

Ingredients : ....

....

....

....

....

....

Garnish : ....

Directions : ....

....

....

....

....

....

....

Notes : ....

....

....

....

....

Cocktail Name :

Glass :

Ingredients :

Garnish :

Directions :

Notes :

Cocktail Name : ....

Glass : ....

Ingredients : ....

....

....

....

....

....

Garnish : ....

Directions : ....

....

....

....

....

....

....

Notes : ....

....

....

....

....

Date :

Cocktail Name :

Glass :

Ingredients :

Garnish :

Directions :

Notes :

Date :

Cocktail Name :

Glass :

Ingredients :

Garnish :

Directions :

Notes :

Date :

Cocktail Name :

Glass :

Ingredients :

Garnish :

Directions :

Notes :

Date :

Cocktail Name :

Glass :

Ingredients :

Garnish :

Directions :

Notes :

Cocktail Name :

Glass :

Ingredients :

Garnish :

Directions :

Notes :

Date :

Cocktail Name : ....

Glass : ....

Ingredients : ....
....
....
....
....
....

Garnish : ....

Directions : ....
....
....
....
....
....
....

Notes : ....
....
....
....
....

Date :

Cocktail Name :

Glass :

Ingredients :

Garnish :

Directions :

Notes :

Date :

Cocktail Name :

Glass :

Ingredients :

Garnish :

Directions :

Notes :

Date :

Cocktail Name : ....

Glass : ....

Ingredients : ....

....

....

....

....

....

Garnish : ....

Directions : ....

....

....

....

....

....

....

Notes : ....

....

....

....

....

Cocktail Name :

Glass :

Ingredients :

Garnish :

Directions :

Notes :

Cocktail Name :

Glass :

Ingredients :

Garnish :

Directions :

Notes :

Date :

Cocktail Name :

Glass :

Ingredients :

Garnish :

Directions :

Notes :

Cocktail Name : ....

Glass : ....

Ingredients : ....

....

....

....

....

....

Garnish : ....

Directions : ....

....

....

....

....

....

....

Notes : ....

....

....

....

....

Date :

Cocktail Name :

Glass :

Ingredients :

Garnish :

Directions :

Notes :

Cocktail Name : ....

Glass : ....

Ingredients : ....

....

....

....

....

....

Garnish : ....

Directions : ....

....

....

....

....

....

....

Notes : ....

....

....

....

....

Date :

Cocktail Name :

Glass :

Ingredients :

Garnish :

Directions :

Notes :

Cocktail Name :

Glass :

Ingredients :

Garnish :

Directions :

Notes :

Cocktail Name : ....

Glass : ....

Ingredients : ....

....

....

....

....

....

Garnish : ....

Directions : ....

....

....

....

....

....

....

Notes : ....

....

....

....

....

Cocktail Name :

Glass :

Ingredients :

Garnish :

Directions :

Notes :

Date :

Cocktail Name :

Glass :

Ingredients :

Garnish :

Directions :

Notes :

Date :

Cocktail Name :

Glass :

Ingredients :

Garnish :

Directions :

Notes :

Date :

Cocktail Name :

Glass :

Ingredients :

Garnish :

Directions :

Notes :

Cocktail Name : ....

Glass : ....

Ingredients : ....

....

....

....

....

....

Garnish : ....

Directions : ....

....

....

....

....

....

....

Notes : ....

....

....

....

....

Date :

Cocktail Name :

Glass :

Ingredients :

Garnish :

Directions :

Notes :

Cocktail Name : ....

Glass : ....

Ingredients : ....

....

....

....

....

....

Garnish : ....

Directions : ....

....

....

....

....

....

....

Notes : ....

....

....

....

....

Date :

Cocktail Name :

Glass :

Ingredients :

Garnish :

Directions :

Notes :

Cocktail Name : ....

Glass : ....

Ingredients : ....

....

....

....

....

....

Garnish : ....

Directions : ....

....

....

....

....

....

....

Notes : ....

....

....

....

....

Date :

Cocktail Name :

Glass :

Ingredients :

Garnish :

Directions :

Notes :

Cocktail Name : ....

Glass : ....

Ingredients : ....

....

....

....

....

....

Garnish : ....

Directions : ....

....

....

....

....

....

....

Notes : ....

....

....

....

....

Date :

Cocktail Name :

Glass :

Ingredients :

Garnish :

Directions :

Notes :

Date :

Cocktail Name :

Glass :

Ingredients :

Garnish :

Directions :

Notes :

Date :

Cocktail Name :

Glass :

Ingredients :

Garnish :

Directions :

Notes :

Date :

Cocktail Name :

Glass :

Ingredients :

Garnish :

Directions :

Notes :

Date :

Cocktail Name :

Glass :

Ingredients :

Garnish :

Directions :

Notes :

Date :

Cocktail Name :

Glass :

Ingredients :

Garnish :

Directions :

Notes :

Date :

Cocktail Name :

Glass :

Ingredients :

Garnish :

Directions :

Notes :

Cocktail Name :

Glass :

Ingredients :

Garnish :

Directions :

Notes :

Date :

Cocktail Name : ....

Glass : ....

Ingredients : ....

....

....

....

....

....

Garnish : ....

Directions : ....

....

....

....

....

....

....

Notes : ....

....

....

....

....

Cocktail Name :

Glass :

Ingredients :

Garnish :

Directions :

Notes :

Cocktail Name : ....

Glass : ....

Ingredients : ....

....

....

....

....

....

Garnish : ....

Directions : ....

....

....

....

....

....

....

Notes : ....

....

....

....

....

Cocktail Name : ....

Glass : ....

Ingredients : ....
....
....
....
....
....

Garnish : ....

Directions : ....
....
....
....
....
....
....

Notes : ....
....
....
....
....

Date :

Cocktail Name :

Glass :

Ingredients :

Garnish :

Directions :

Notes :

Cocktail Name : ....

Glass : ....

Ingredients : ....

....

....

....

....

....

Garnish : ....

Directions : ....

....

....

....

....

....

....

Notes : ....

....

....

....

....

Date :

Cocktail Name :

Glass :

Ingredients :

Garnish :

Directions :

Notes :

Cocktail Name : ....

Glass : ....

Ingredients : ....

....

....

....

....

....

Garnish : ....

Directions : ....

....

....

....

....

....

....

Notes : ....

....

....

....

....

Cocktail Name :

Glass :

Ingredients :

Garnish :

Directions :

Notes :

Date :

Cocktail Name : ....

Glass : ....

Ingredients : ....
....
....
....
....
....

Garnish : ....

Directions : ....
....
....
....
....
....
....

Notes : ....
....
....
....
....

Date :

Cocktail Name :

Glass :

Ingredients :

Garnish :

Directions :

Notes :

Cocktail Name : ....

Glass : ....

Ingredients : ....

....

....

....

....

....

Garnish : ....

Directions : ....

....

....

....

....

....

....

Notes : ....

....

....

....

....

Date :

Cocktail Name :

Glass :

Ingredients :

Garnish :

Directions :

Notes :

Cocktail Name : ....

Glass : ....

Ingredients : ....

....

....

....

....

....

Garnish : ....

Directions : ....

....

....

....

....

....

....

Notes : ....

....

....

....

....

Cocktail Name :

Glass :

Ingredients :

Garnish :

Directions :

Notes :

Cocktail Name : ....

Glass : ....

Ingredients : ....

....

....

....

....

....

Garnish : ....

Directions : ....

....

....

....

....

....

Notes : ....

....

....

....

Cocktail Name :

Glass :

Ingredients :

Garnish :

Directions :

Notes :

Date :

Cocktail Name :

Glass :

Ingredients :

Garnish :

Directions :

Notes :

Date :

Cocktail Name :

Glass :

Ingredients :

Garnish :

Directions :

Notes :

Cocktail Name : ....

Glass : ....

Ingredients : ....

....

....

....

....

....

Garnish : ....

Directions : ....

....

....

....

....

....

....

Notes : ....

....

....

....

....

Date :

Cocktail Name :

Glass :

Ingredients :

Garnish :

Directions :

Notes :

Cocktail Name : ....

Glass : ....

Ingredients : ....

....

....

....

....

....

Garnish : ....

Directions : ....

....

....

....

....

....

....

Notes : ....

....

....

....

....

Date :

Cocktail Name :

Glass :

Ingredients :

Garnish :

Directions :

Notes :

Date :

Cocktail Name : ....

Glass : ....

Ingredients : ....
....
....
....
....
....

Garnish : ....

Directions : ....
....
....
....
....
....
....

Notes : ....
....
....
....
....

Cocktail Name :

Glass :

Ingredients :

Garnish :

Directions :

Notes :

Cocktail Name : ....

Glass : ....

Ingredients : ....

....

....

....

....

....

Garnish : ....

Directions : ....

....

....

....

....

....

....

Notes : ....

....

....

....

....

Date :

Cocktail Name :

Glass :

Ingredients :

Garnish :

Directions :

Notes :

Cocktail Name : ....

Glass : ....

Ingredients : ....

....

....

....

....

....

Garnish : ....

Directions : ....

....

....

....

....

....

....

Notes : ....

....

....

....

....

Date :

Cocktail Name : ....

Glass : ....

Ingredients : ....

....

....

....

....

....

Garnish : ....

Directions : ....

....

....

....

....

....

....

Notes : ....

....

....

....

....

Cocktail Name :

Glass :

Ingredients :

Garnish :

Directions :

Notes :

Date :

Cocktail Name : ....

Glass : ....

Ingredients : ....

....

....

....

....

....

Garnish : ....

Directions : ....

....

....

....

....

....

....

Notes : ....

....

....

....

....

Cocktail Name : ....

Glass : ....

Ingredients : ....
....
....
....
....
....

Garnish : ....

Directions : ....
....
....
....
....
....
....

Notes : ....
....
....
....
....

Date :

Cocktail Name :

Glass :

Ingredients :

Garnish :

Directions :

Notes :

Cocktail Name :

Glass :

Ingredients :

Garnish :

Directions :

Notes :

Date :

Cocktail Name : ....

Glass : ....

Ingredients : ....
....
....
....
....
....

Garnish : ....

Directions : ....
....
....
....
....
....
....

Notes : ....
....
....
....
....

Cocktail Name : ....

Glass : ....

Ingredients : ....
....
....
....
....
....

Garnish : ....

Directions : ....
....
....
....
....
....
....

Notes : ....
....
....
....
....

Cocktail Name : ....

Glass : ....

Ingredients : ....

....

....

....

....

....

....

Garnish : ....

Directions : ....

....

....

....

....

....

....

Notes : ....

....

....

....

....

Cocktail Name :

Glass :

Ingredients :

Garnish :

Directions :

Notes :

Notes

Notes

Made in the USA
Coppell, TX
14 January 2022

71643954R00061